These Dreams Belong To:

All that we see or seem,
is but a dream within a dream.

-Edgar Allan Poe

Date:

Date: _____

Date:

Date:

Date: _____

Date:

Date: _____

Date:

Date:

Date: _____

Date:_____

Date:

Date:

Date:

Date:

Date: _____

Date:_____

Date:

Date: _____

Date:

Date: _____

Date:

Date:

Date: _____

Date:

Date: _____

Date:

Date:

Date:

Date:

Date: _____

Date:

Date: _____

Date:

Date:

Date:

Date: _____

Date:

Date: _____

Date:

Date:_____

Date:

Date: _____

Date:

Date:

Date:

Date: _____

Date:

Date: _____

Date:_____

Date:

Date: _____

Date:

Date:

Date:_____

Date:

Date:

Date:

Date:

Date:

Date:

Date:

Date: _____

Date:

Date:

Date:

Date:

Date:

Date:

Date: _____

Date:

Date:

Thank you for choosing our journal!
We hope you enjoy it as much as we do.

We Invite you to check out our website
for more of our books:

www.TheJournalFolks.com

Made in the USA
Coppell, TX
15 November 2020